童眼识天下 科普馆

船舶

童　心 ○ 编著

化学工业出版社

·北京·

图书在版编目（CIP）数据

童眼识天下科普馆. 船舶/童心编著. —北京：化学
工业出版社，2019.9（2023.3重印）

ISBN 978-7-122-34712-1

Ⅰ.①童… Ⅱ.①童… Ⅲ.①常识课-学前教育-教学
参考资料 Ⅳ.①G613

中国版本图书馆CIP数据核字（2019）第121910号

责任编辑：张素芳　　　　　　　　　　　　　　　　　　封面设计：张　辉
责任校对：张雨彤

出版发行：化学工业出版社（北京市东城区青年湖南街13号　邮政编码100011）
印　　装：北京宝隆世纪印刷有限公司
889mm×1194mm　1/20　印张4　2023年3月北京第1版第4次印刷

购书咨询：010-64518888　　售后服务：010-64518899
网　　　址：http://www.cip.com.cn
凡购买本书，如有缺损质量问题，本社销售中心负责调换。

定　　价：22.80元

嘿，欢迎来到船舶展览馆，各种各样的船只在这里排列展示，有的你可能见过，有的你可能没见过，船舶的种类真是让人眼花缭乱。

船舶算得上最古老的交通工具之一。早在上万年前，人们就制造了原始的船。经过漫长岁月的逐渐演变，船舶也呈现出"百花齐放"的状态。有专门载客的豪华游轮；有在冰封的洋面上畅通无阻的破冰船；有探索海底资源的勘探船；有像鱼儿一样穿梭在海中的潜艇……

如果你觉得还不够过瘾，没关系，这里还有只靠风运行的帆船、套着"游泳圈"的气垫船、"飞"离水面的水翼船……怎么样？船舶的世界是不是很精彩？别犹豫了，快和我们一起走进船舶大世界吧！

目录

CONTENTS

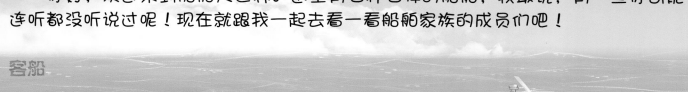

你好，船舶大世界

你好，欢迎来到船舶大世界。这里有各种各样的船舶，我敢说，有一些你可能连听都没听说过呢！现在就跟我一起去看一看船舶家族的成员们吧！

客船

你好，我们是客船家族，所有的成员都是为旅客朋友提供运送服务的，在航行条件允许的情况下，我们能带人们去任何他们想去的地方。

货船

除了船长和船员，我们整天都在和各种各样的货物打交道，虽然有些枯燥，但想到能为人类运送所需要的物品，我们的心里都很骄傲呢！

客货船

我们很厉害，既能载客又能载货。

工程船

我们是地道的"技术工种"，打捞工作、科考工作、船只维修……这些技术性的工作都离不开我们。不过有时我们也会需要救助作业船的协助。

救助作业船

我们的任务非常艰巨，所有的海上救助工作都要靠我们来完成，不论是船只遇险还是人员受伤，只要接到求助，我们肯定马上赶到。

接收求助信息

事发地

前往救援

渔船

　　我们是专门用来捕鱼的，人们吃到的新鲜水产品可都是我们的劳动成果呢。

军用舰艇

　　我们是专为保卫国家安全而生的。如今，我们的家族越来越庞大，技术也越来越先进，因为有我们的守护，国家的海上安全有了更好的保障。

　　来来来，快来一起享受速度带来的快乐！我们快艇可是船舶中的"短跑冠军"呢。

走进船舶发展史

人类的智慧是无穷的，早在史前，我们的祖先就懂得剖木为舟了。有了人们的聪明才智，船儿们也从最初的制作简陋慢慢变得装备精良了。

舟筏时代

舟筏的出现可以追溯到石器时代，那时还没有先进的技术，只能简单地利用木头制造独木舟或木筏，之后又制造出了木板船。为了让船儿"听指挥"，人们还发明了船桨、篙和橹。

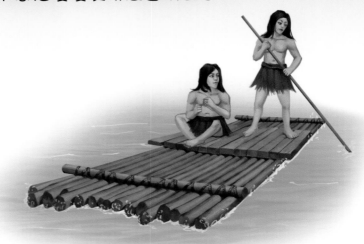

郑和宝船

帆船时代

借助风的力量航行，是帆船的本领。早在5000多年前，就已经有帆船了。对了，中国的帆船在船舶发展史中也占有非常重要的地位呢！

蒸汽机船时代

1807 年，美国人富尔顿，成功利用蒸汽机驱动了明轮船"克莱蒙脱"号，开启了蒸汽机船时代。

"克莱蒙脱"号

柴油机船时代

1892 年，德国的狄塞尔发明了柴油机。后来，柴油机被应用到船上，柴油机船大受欢迎，逐渐取代了蒸汽机船。

船舶的发展并没有就此结束，新能源、核能等新型动力的出现将它推向了新的时代。

看，船上有什么

船舶的种类可真多呀！它们的样子千奇百怪，我都看得眼花缭乱了，这些船舶上都有什么呢？看来我得去好好瞧一瞧了。

坚固的身体

除了个别种类之外，大多数船舶的主体都是空心的。之所以被设计成这样，就是要保证船的浮力和性能。

看，客船最好辨认了，它有很多层甲板，上面不但有充足的客房，还有完善的餐厅、卫生和娱乐设施，住起来很舒适呢。

强劲的"心脏"

推进装置是现代船舶的"心脏"，只有"心脏"保持跳动，船只才有动力运行。其实推进装置是一系列机械的总称，包括主机、传动设备、轴系和推进器等。它们要团结互助才能发挥作用，少了其中任何一个成员，船只都不能正常航行。

现代的船舶主要靠螺旋桨推进，不过也有个别种类采用喷水、喷气和超导电磁等推进方式。

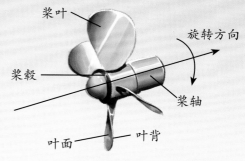

桨叶　旋转方向　桨毂　桨轴　叶面　叶背

螺旋桨示意图

桨叶　操作手轮　变距机构　机械传动箱

电动机械式调桨距

除了"身体"和"心脏"，辅助装置也很重要，其中最重要的要数发电机组了。它们提供的能量能够为船只供电，还能为其他装置提供动力，保障船上人员的工作和生活。

哦，对了，船上还有通信设备，如高频无线电话、卫星应急无线电示位标、搜救雷达应答器等。使用它们不但能实现船舶内部的通信，还能实现船与岸、船与船、船与飞机的通信，有危险的时候还可以发出求救信号寻求救援，这一点非常重要！

我最喜欢船舵了，它是用来控制船舶航向的，可是我还小，等我长大了，学到足够的专业知识和技能才能掌舵呢。

帆板是船舶中的一个异类，它是一项有趣的体育运动，没有船舵，前进和转向是靠运动员通过帆杆操纵帆来实现的，体积小而且非常轻便。

我已经观察过了，每一种船上都配备了救生装置，有的只有常见的救生衣、浮具，大型船舶还会配备救生艇、救生筏和烟火信号……所以如果遇到了危险，千万不要慌张，一定要在船员的指挥下有序地逃离哦。

救生圈

救生筏

救生衣和浮具

船停在哪儿

船儿们要载着乘客和货物停在哪里呢？让我来告诉你吧，它们的目的地是港口或码头。如果你想知道那里是什么样子的，就跟着我一起去看一看吧。

重要的运输枢纽

小朋友们快来看，这就是港口啦！怎么样，是不是很壮观啊？这里可是水陆交通的集结点和枢纽呢，往来的船舶、货物和旅客都在这里集散。看那些巨大的集装箱，就是用来装载零散货物的，以便于运输。而那些起重机械就是用来装卸集装箱等重型货物的。

集装箱和起重机

热闹的人造景观

那些轮船和渡船停靠的地方叫码头，专门供乘客上下和货物装卸使用。有些码头的周围还有车站、市场、商场、餐厅等场所，你看那些游客，就是专门来码头观光的呢，可真是热闹啊！

汽车码头

港口、码头？傻傻分不清

起初我也有点迷糊，后来才弄明白，其实啊，码头是属于港口的，而且还是很重要的一个部分呢。另外，大多数的港口都是天然形成的，而码头都是人工建造的。

没有轮子的轮船

唉，那艘轮船的"轮子"哪里去了？这可不行，我得去船上帮它找一找，没有轮子它可怎么走啊！

轮船没有"轮子"

在轮船上找来找去都没找到轮子。原来啊，从前古老的轮船通过轮子的划动向前航行，所以被称为"轮船"。随着造船技术越来越先进，后来的轮船就没有"轮子"了，它们靠螺旋桨等驱动向前推进。

钢筋铁骨的大家伙

对我来说，所有的轮船都是大家伙，它们不知道比我大了多少倍呢。它们拥有钢筋铁骨的身躯，有的甚至重达 60 多万吨。这么重的大家伙竟然能浮在水面上，是怎么做到的呢？原来，船虽然很重，一个叫"重力"的家伙会拉着船下沉。但是水的浮力专爱和重力作对，它会向上托举着船。当浮力大于重力时，船就浮在水上了。

不能有一分一毫的差错

想要制造一艘坚固的轮船，材料是绝对不能将就的，即使是一个小小的零件存在缺陷，都可能导致整艘轮船倾覆，那将是船上人员的灾难。

逝去的"泰坦尼克号"

　　你知道吗？豪华轮船泰坦尼克号的失事就与它的材料大有关系。本来泰坦尼克号的全船都应该用钢铁铆钉加固，但是巨大的机器无法为船头部分安装铆钉，只能改用人力手工安装。可钢铁铆钉安装起来太费力气了，于是人们最终改用了并不结实的锻铁铆钉。巧的是，与冰山相撞后，恰恰是这一部分受损最严重。

货运专家——货船

一二一，一二一，我身上背的货物实在是太重了！如果参加今年的船舶大赛，我敢说，载重冠军肯定非我莫属！

什么都能运

我们货船的船员人数基本都在 12 人以下，除了不运送人，我们什么货物都可以运输。不论是液体、固体、气体，还是杂货和冷冻产品，就没有能难倒我的货物。当然违法乱纪的事儿咱们可绝对不能做啊。

超载是违法的哦

　　看那边那个伙伴，水都把它的载重线标志淹没了，这可是超载，是一种严重的违法行为。我从来不敢超载，因为这不但违反了法律规定，还是一种对船员的生命和船上的财产极度不负责任的行为。

货船兄弟们

　　我们的主要工作是运送货物，所以身上大部分舱位都是用来放置货物的货舱。我们家族的兄弟很多，干散货船、液货船、杂货船、木材船、集装箱船……不同的货物可以选择不同的货船兄弟为您运输哦。

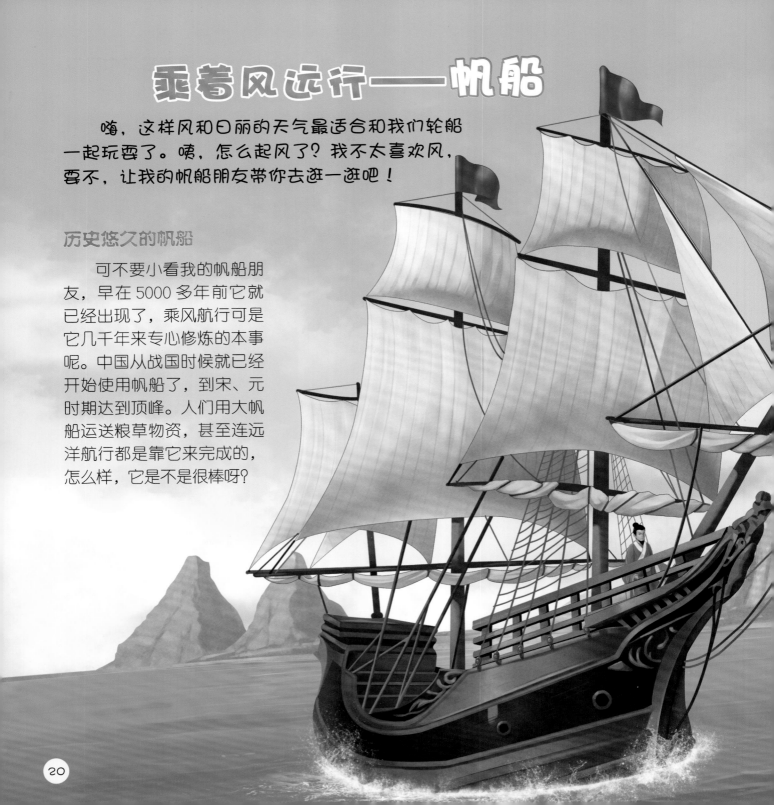

乘着风运行——帆船

嗨，这样风和日丽的天气最适合和我们轮船一起玩耍了。咦，怎么起风了？我不太喜欢风，要不，让我的帆船朋友带你去逛一逛吧！

历史悠久的帆船

可不要小看我的帆船朋友，早在 5000 多年前它就已经出现了，乘风航行可是它几千年来专心修炼的本事呢。中国从战国时候就已经开始使用帆船了，到宋、元时期达到顶峰。人们用大帆船运送粮草物资，甚至连远洋航行都是靠它来完成的，怎么样，它是不是很棒呀？

航行吧，帆船！

　　第一眼看见帆船，你一定会看到它的帆，这可是帆船航行的大功臣。不管是顺风还是逆风，帆船都能御风而行。不过，在逆风时，帆船航行的时候会走"之"字形路线，让船行驶的方向和风向始终保持一定的角度。这样，帆船既能乘风前进，又不会偏离自己的航向。

预备，出发！

　　帆船是我们船舶家族的骄傲，它可是唯一个拥有专门比赛项目的船儿呢。参加比赛的帆船们体形都比较小巧，能够让运动员轻松操作。但是海上风大浪急，运动员们必须有过人的胆识、强健的身体和优秀的技术才能从容地应对风浪的考验。

开渔船，捕鱼去

走嗒！开船捕鱼去。要说这渔船，可是我们渔民离不开的好伙伴啊。不论是捕鱼、加工还是运输，它样样在行。

渔船上有什么

渔船很简单，除了必备的动力装置，就是些渔网、绞网机、起网吊杆等捕捞器械。这一网下去能捕上很多鱼呢。有时累了，渔船上也会架起钓竿，享受一下垂钓的安宁和乐趣。另外，几家渔船有时会合作捕鱼，人多力量大，收获也更多。

鱼儿要保鲜

捕捞上来的鱼儿和其他水产品必须要好好保鲜才能保证品质。看，今天的收获很丰富，各种渔获物暂时被放在甲板中央，船员们挑拣、分类，然后放进冷藏保鲜的鱼舱。

科技与打渔

近些年，科技发展越来越人性化了。渔船上现在配备了探鱼仪、渔业声呐、雷达浮标及接收器、网情仪等先进的仪器，给渔民们的工作带来了极大的便利。不过我们都知道，捕鱼要适当，不能竭泽而渔，这样才能长久发展。

需要充气的气垫船

气垫船就好像是给船套了一个超大的游泳圈。我对它的样子充满了好奇，好想知道它的气垫是什么样子，它又是怎么工作的呢？

奇怪的围裙

我还是第一次见到带"围裙"的船呢。其实，这些"围裙"就是气垫船的气垫，当需要执行航行任务的时候，船员们就会用大功率的鼓风机向"围裙"打入高压空气，在船体和水面之间形成空气垫，这样船就能升离水面了。由于船体全部或部分升离水面，大大减少了航行的阻力，气垫船航速要比一般船快很多。

军事登陆气垫船

"百变"小能手

气垫船的用途可多了，很多地方都能见到它们的身影。它们可以在军事作战中用来运送登陆士兵和工具，可以用来排除水中的爆炸物，可以用作武器搭载平台，还可以在各种恶劣的条件下执行不同的救援任务……

神奇的气垫船

气垫船已经成为休闲旅游中常见的娱乐项目。我一直以为气垫船只能用于水面上，没想到气垫船居然还可以在海滩、雪地、沙漠等地方使用呢。

着火了！我来救——消防船

小朋友们，我是消防船。来不及跟你们详细介绍了，货船大哥发来了求救信号，它的货物着火了，我必须抓紧时间赶去救援。你们可以跟我一起去看看，但是千万不能打扰我工作哦。

紧急救援，请让路！

前方水域有火情，大家请让路！小朋友们，我们和陆地上的消防车一样，都是专门用于灭火或者救援的，我们也有着鲜艳的颜色，能起到警示作用，让看到的船舶自动为我们让出航线。我们除了能扑灭海上的火灾，有时也能用于近岸陆地火灾的扑救呢！

小型消防站

快，把伤员扶到那边去。我们在船上配备了必要的医疗设备和救护人员，能对伤者进行简单的处理。除此之外，我还有齐全的灭火设施，包括大功率的水泵、高压水枪和不同种类的灭火剂，能够应对不同类型的火灾，说我是一个小型的消防站也不为过。

超强的成员

看那边那个大家伙，它可是消防船中的佼佼者，每秒的供水量高达 3 吨！另外，它还有一般消防船都无法比拟的速度，水炮的射程能达 220 米，足足比一般消防船远了几十米，我最佩服的就是它了。

游艇上的悠闲时光

繁忙的工作和学习是不是让你觉得有点儿累呢？不如来我们的游艇俱乐部度过一段悠闲的时光，好好放松一下吧！

游艇和快艇

游艇和快艇名字可真像，但是它们两个可不一样，游艇不仅个头比快艇大，上面的设施也更加齐全，可以用来观光游玩、举办聚会。而快艇更加灵活，是船舶中的短跑冠军，它们中的很多成员还装有武器，能参与执行军事任务呢。

游艇虽小，"五脏"俱全

我们这里的游艇个头都不算大，最大的也不过百米长，但是上面的设施可齐全着呢。如果你想要在天然的海浪摇篮中睡上一觉，游艇可以为你提供一间豪华舒适的卧室；

如果你想要吃一顿浪漫的烛光晚餐，游艇可以为你提供一间设备齐全的厨房和温馨的餐厅；

如果你是个"工作狂"，游艇的会议室可以随时为你开放；

如果你想要举办一场热闹的聚会，游艇也很乐意为你提供各种娱乐设施……

你想拥有游艇吗？

　　游艇是非常昂贵的消费品，价格从几十万到几千万元不等，有的甚至能达到上亿元。如果购买了一艘游艇，需要到海事局进行船舶的所有权和国籍登记，申请一个符合规定的船名，经海事部门检验合格后游艇才能下海航行。

　　对了，还有一件非常重要的事，就像我们开车一样，想要驾驶游艇出海，就必须考取专门的游艇驾照，除了学会看海图外，还要掌握充足的理论知识和实操技能。

游艇俱乐部

　　早在 18 世纪的英国，游艇俱乐部就已经兴起了。早期的游艇俱乐部只是一个供游艇停泊、补给、维修的小船坞。渐渐的，它的规模逐渐扩大，成为了集餐饮、娱乐、驾驶训练等服务为一体的多功能游艇俱乐部。

　　如果想要将游艇运到另一片水域游玩该怎么办呢？很容易，只要用游艇拖车将游艇运过去就可以了。另外，长期停泊在水里，对船体的损害很大，游艇拖车还可以为游艇提供运输、岸上停泊等服务。

　　游艇浮架是继游艇拖车后的又一个伟大的发明，一个简简单单的升降平台就可以让游艇轻松地在水面上停泊，而不用担心海浪、水面结冰造成的腐蚀。

汽车也坐船——滚装船

我是一辆汽车，凭借着四只圆滚滚的轮子，可以去到任何想去的地方。但如果想要跨越大海，就要请滚装船这个老伙计帮忙了。对了，忘了告诉你，滚装船还有一个名字——开上开下船。

开上开下

为了车辆上下方便，滚装船在自己的船舷和船尾设了好几个开口，每个开口还铺设有跳板。另外，为了给车辆充足的停放空间，它还加出了好多层甲板呢。

巧用方法装货物

除了我们这些汽车，还有许多集装箱货物也需要让滚装船帮忙运输。这时，滚装船会请牵引车大哥帮忙，将装有集装箱的挂车拖到船上。这样，即使没有起重机，它也能轻松地完成货物的装卸和运输了。

滚装船的缺点

滚装船给我们提供了极大的便利，但是不得不说，它也有那么一些缺点。由于有很多层甲板，重心高，装满了汽车和货物的滚装船有点摇摇晃晃的，我有时也会觉得害怕呢。

"邮"轮变"游"轮

你想让我帮忙邮寄信件？对不起，我们早就没有这项业务啦。虽然从前的跨洋邮件都是由我们运送的，但是现在我们的主要任务是搭载着乘客旅行、游览。

为什么没有邮寄业务了？

第二次世界大战后，航空业出现并迅速发展。你知道的，飞机的速度可比我快多啦。渐渐地，它们就把我取代了。不过这样也挺好的，我就可以享受退休生活了，带着世界各地的旅客游山玩水也是很惬意的呢。

我现在是"游"轮

　　严格来说，不能运载包裹、信件，我的名字就只能叫"游轮"了。现在我再也不用进行远洋航行了，而是经常载着乘客在海上观光。从起点的港口出发，经历数天，就又会回到出发的港口，这里既是起点也是终点。

真豪华啊！

　　我跟以前可大不一样了，上百间不同型式的客房、酒吧、健身房、图书馆、游泳池，甚至还有高尔夫练习场和海上攀岩墙……现在的我可是各种设施齐全，应有尽有，甚至比陆地上的酒店还要豪华呢。

大小不一样

　　我们家族的成员大小不一，我是大型的游轮，可以载客 2000 人以上；比我小一点的中型游轮可以载客 1000~2000 人；我们的小弟弟小型游轮最多只能载客 1000 人。我们的航线也不一样，有的能远洋航行，有的在近海航行，还有的只能在内河上航行。

家族的骄傲

　　我们家族中有一个超级棒的家伙，它长约 360 米，宽约 63 米，它的名字叫"海洋绿洲"号，是游轮家族的杰出代表。这艘游轮共有 16 层甲板，船上不但有充足的客房，还有剧院、商场、游泳池甚至是公园，简直是度假的天堂。

"肚子"装石油的油船

这个大肚子的家伙可是石油商人的好伙伴哦，它就是油船，石油贸易可离不开它呢。

用桶装着的石油

最早的时候，石油运输技术还不发达，那时人们只能将石油装在大桶里，放在运送干货的船上运输。但是这样的运输量实在太小了，加上安全性太差，不但赚不了多少钱，还承担着巨大的风险，因此这种方式逐渐被人们淘汰了。

石油怎样装上船？

猜猜看人们现在是怎么把石油这种液体装上油船的？告诉你吧，油船上有专门装卸石油用的管道，毫不费劲儿就能把石油装进或者输出油舱，节省了不少时间呢。你不知道，油船的出现帮人们节省了很多成本，利润自然就提高啦。

有惰性气体做伴

石油特别容易挥发，储存不当还会引起燃烧和爆炸，大批量运输时最怕的就是这种情况了。别担心，有惰性气体防爆设施的帮助，油船的安全性就有了更多的保障。

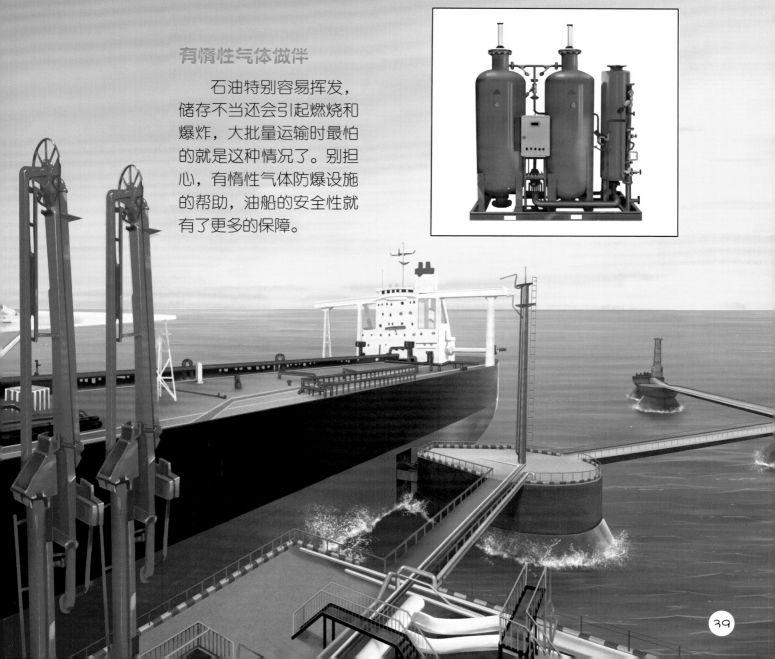

离开水面航行——水翼船

欢迎大家来观看我们船舶家族的表演，下面要出场的是水翼船。看，它的身体离开了水面，它正高速驶来，水花四溅，真是太帅啦！

样子真奇怪

水翼船的样子在我们船舶家族中比较另类，它的船身底部有装了水翼的支架。随着行驶速度的加快，水翼带来的浮力就能把船身抬离水面，实现飞航。它的这个本事在我们家族中可是独一无二的呢！

减小阻力

　　船想要下水航行，就必须承受水带来的阻力，速度自然而然地慢下来了。但是水翼船就没有这样的烦恼，因为它能离开水面航行，水的阻力带来的影响就变小了，它们只要放心大胆地加速就可以了。

全浸式水翼船

　　目前，人们使用的水翼船主要是全浸式。顾名思义，全浸式水翼船就是航行时水翼全在水下。全浸式水翼船具有良好的抗浪性和适航性，但是它自我稳定性能较差，想要维持飞航，需要依靠自动控制系统对航行条件做出判断。一旦出现失误，水翼船可能出现故障，船身就会落回水里，从而造成意外事故。

连在一起的双体船

　　我们是双体船兄弟，怎么样，是不是没想到我们船舶家族里居然也有双胞胎啊？你看我们不但是"双胞胎"，还是"连体婴"呢。

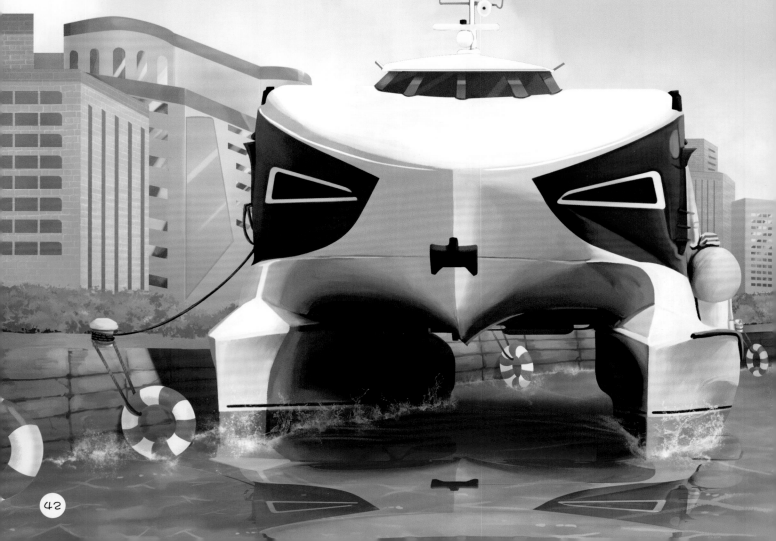

不能去远行

我们兄弟俩本来是独立的两个船体，被一个加强的构架连接了起来，变成了一个整体。但是我们不宜远航，因为连接我们的构架可能在海洋力的作用下扭曲变形甚至是解体，那样，我们的处境就会很危险了。

稳稳地前进

我们两兄弟特别有默契，即使在有风浪的海里，我们也依然能稳稳地前进，而不会左摇右晃，许多单体船在这一点上就输给我们了。我们的甲板很开阔，船体的空间也更大，既安全又舒适，这是必然的，我们可是兄弟俩并肩作战呢。

多体船

除了双体船，我们家族中还有三体船、四体船、五体船呢！我们有一个共同的名字——多体船。我们不仅能用来运输货物，还能执行军事任务呢！

三体船

冰层上开辟道路的破冰船

虽然我是有名的科考船，但面对结冰的航道，也会束手无策。我想，这个时候我应该呼叫破冰船了，只有它才能帮助我开辟航道，完成极地科考任务。

与众不同的外表

看，破冰船来了，它的样子非常特别，我很容易就认出了它。它的身体比较短，肚子胖胖的，身手却很灵活。你看，它的身后就是它刚刚开辟出的航道，已经足够船只们通行了。对了，它船身的钢板可比我们的坚硬多了，所以它才敢放心大胆地出来执行破冰任务啊！

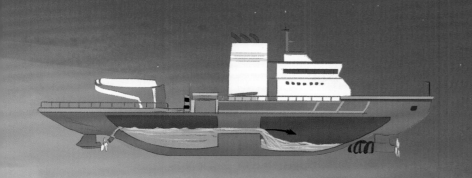

努力工作的破冰船

破冰船工作起来毫不含糊，如果遇到比较薄的冰层，它只需要用自己的"大头"压在上面，把冰压碎就可以了。如果冰层比较厚，它就会后退一段距离，然后全速猛冲过去，把冰撞碎，或者，它会将自己船尾的水舱灌满水，然后把自己的船头压在冰面上，再将水舱里的水输送到船头的水舱，靠重量压碎厚冰。

左舷的水舱　　　右舷的水舱

左舷的水舱　　　右舷的水舱

破冰船被困了

不好，破冰船被卡在冰上了！可它好像根本不在意，原来它还有秘密武器——摇摆水舱。它将左舷的水舱装满水，船身就偏向左边，然后它再把水抽向右舷的水舱，船身又偏向右边。这样来回抽水，破冰船就在冰面上左右摇摆起来。加油！加足马力！太好了，破冰船退出冰面脱困啦！

海上白衣天使——医院船

我是一名不普通的医生，工作地点在医院船上。医院船是一座海上的流动医院，配备了非常先进、全面的设备，不论是哪片海域，只要有人需要救助，它就会全速赶到。

鲜明的标志

医院船就像救护车一样，非常容易辨认。它的船体在吃水线以上全部涂成了白色，两舷和甲板上都有红十字图标。在船上，医疗救治设备必不可少。除此之外，船上还有供伤员修养的场所、运送伤员的救护艇和直升机呢。

一视同仁

　　就算是在战争年代，医院船对所有的伤员也都是一视同仁的。它从不会因为战场上的敌对关系就对敌方的伤员见死不救。对于医院船来说，救死扶伤是没有国界的。

这里是"安全区"

　　医院船受到了所有国家的尊重和保护，就连国际法都规定医院船不可侵犯。因此，医院船成为了海上战争中特有的安全区。船上没有重型攻击性武器，只配备了少量的用于警戒保卫的轻型防御性武器，如果受到袭击，就只能寻求支援了。

海上救助打捞船，出发

我是海上救助打捞船，我非常热爱我的工作，但是同时我又不希望有工作找上门，因为那意味着又有飞机、船舶朋友遇险了。

逝去的伙伴们

军舰、潜艇、轮船、飞机等都有沉没海底的危险，它们有的装载了很多珍贵的物品，有的暗藏着军事机密……努力将它们打捞上来，是我的任务，也是能为这些朋友做的唯一的事。

我很适合这份工作

我的甲板很宽，货舱容量也很大，能放得下足够多的工具。另外，我跑得很快，还不怕风浪，可以第一时间赶到事发现场开展工作。我们打捞船个头大小不一样，打捞深度也不同，有的能深入几百米，有的还能更深。

我的得力助手

　　我的工作离不开大型起吊设备、水下切割焊接设备、水下通信设备、锚泊定位系统、氧气瓶、潜水泵等工具。有时，我们也会和驳船、拖轮和浮筒一起配合，完成打捞和救援任务。

海底有啥它知道——勘探船

海洋是资源宝库，科学家很久之前就把目光投向了海洋。勘探船就是迈向海洋的先行军，它穿梭在海底寻找可以为人类服务的资源。

怎么寻找矿藏？

勘探船上装了地震仪和相关的勘探设备。在勘探过程中，勘探船会低速行驶，然后实施人工爆破，产生的地震波会传播到海底地层，地震波碰到岩层反射回来，勘探船上的工作人员就能利用先进的仪器，分析海底地层的构造和资源的分布情况。

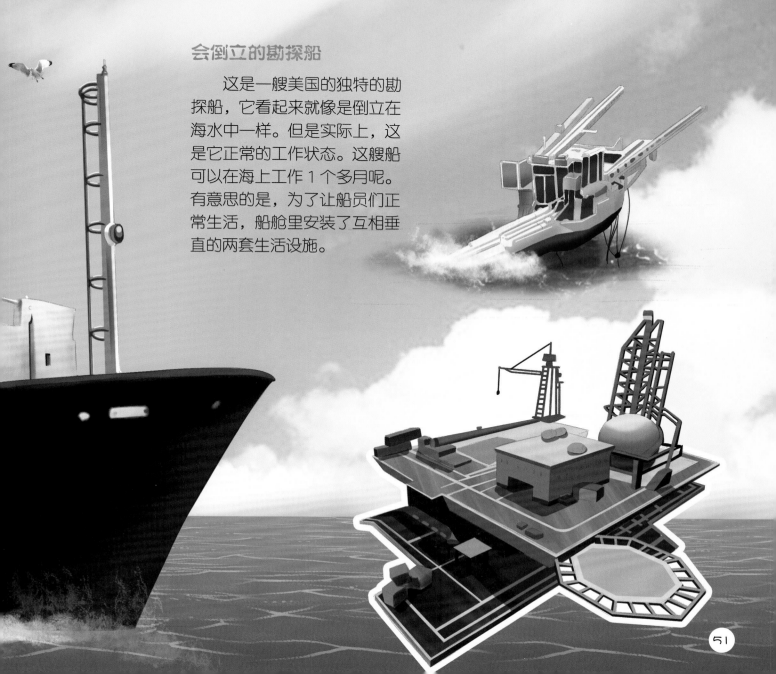

勘探好搭档

钻井是勘探船的好搭档，勘探船负责勘测海底地质构造情况，海上钻井装置负责确定资源是否有开采价值。当然，海上钻井装置的工作可不止这一项，它也是开采海洋石油、天然气的主力呢。

会倒立的勘探船

这是一艘美国的独特的勘探船，它看起来就像是倒立在海水中一样。但是实际上，这是它正常的工作状态。这艘船可以在海上工作 1 个多月呢。有意思的是，为了让船员们正常生活，船舱里安装了互相垂直的两套生活设施。

海中大力士——起重船

　　我是起重船，听名字就知道啦，我是家族中最勇猛的大力士。我的"手臂"可厉害了，不论是多么沉重的货物，我都能轻松地装卸。

力气超级大

　　我的"手臂"叫作"吊臂"，是我主要的起重设备。吊臂有固定式，也有旋转式，在吊索、吊钩、锚机等伙伴的帮助下，我能抓举起来从几百吨到几千吨不等的货物。海上工程、海洋沉船物品打捞、大件货物装卸等工作中都有我们的身影。

世界最大

　　这艘起重船名字叫"振华30"，是目前世界上最大的起重船，它的长度超过了297米，宽度58米，个头超过了航空母舰。值得一提的是，这是由中国自主研发的起重船，可以同时吊起45架空客飞机。闻名世界的港珠澳大桥，最后的隧道对接工作就是"振华30"完成的。

　　"振华30"船上的建筑有7层楼高，上面有100多个房间，在船尾还有直升机停放平台。"振华30"可以靠自己航行，这是很多起重船不具备的能力，它们只能靠拖轮拖航。

　　想要登上"振华30"可不容易，它的甲板距离水面有20米，想要上船，只能借助吊笼了。

藏在水中的半潜船

唉？那艘船就快要沉没了！别担心，它只是一种特殊的船，名字叫半潜船，是可以将身体半潜入水中，用来装卸超长、超重，又无法分割的货物的超大型运输船。

运的都是大家伙

你看，半潜船装好货物了，那可都是些超大的大家伙呢。有舰船、潜艇、起重机、预制桥梁构件等。最夸张的是，它们连海上的石油钻井平台都能装得下，真是太厉害了！

怎样装上船呢？

你一定很好奇这些庞然大物是怎么装上船的吧？看，半潜船先调整船身压载水量，让甲板平稳地沉入水下。然后，拖船会把需要装载的船舶和货物拖曳到它的甲板上方。这时，半潜船就将压载水舱里的水排出舱外，货物就能和船身一起浮在水面上了，捆绑固定后，它们就能被运往世界各地啦！

危险的海运任务

半潜船的每一次海运任务都是充满危险的。它运送的货物多达几千甚至几万吨，这让它的重心变高，稳定性变差。在风浪中远航的时候，它们很容易受到影响，一不小心就可能发生严重的事故。因此，半潜船在每一次执行任务前，都会用专业的软件计算各种数据，以控制和规避风险。

泥沙我来挖——挖泥船

我看起来有些脏兮兮的，没办法，谁让我每天都要和泥沙打交道呢。别看我有些不起眼，港口、航道、码头等地方的开辟和清理泥沙的工作可都离不开我呢，我就是挖泥船。

疏浚航道我在行

我是绞吸挖泥船，我的工作效率非常高，能用绞刀绞松泥沙，然后用吸泥管将泥浆沿着长长的排泥管道喷到远处的水中，这样就不用辛苦地来回跑啦。

泥沙运到哪里？

我做得最多的工作是挖泥沙。挖出来的泥沙都存在我的"肚子"里，当我再也吃不下的时候，就把泥沙运到需要的地方或者运到远海吐出去。我还有一些兄弟不能自己航行，它们就会把挖出来的泥沙交给驳船，由它帮忙运走。

我的任务不只是挖泥沙哦！

悄悄告诉你，我的工作不只有挖泥沙。看到那片陆地了吗？那可是我用工具吹沙填海打造出来的呢。我将海底的沙和水一起吹到那里，海水流出来，沙子不断堆积，渐渐地，那里就变成一片陆地啦。

海上小霸王——航空母舰

你们好，我是航空母舰，大家可以叫我"航母"，我是一位地地道道的"军人"。我是大型的舰艇，也是世界上最庞大、最复杂、威力最强大的武器之一。我的伙伴们都叫我"海上小霸王"呢。

怪模样、作用大

看到我，你一定会注意到宽宽大大的甲板，上面还画着跑道线，样子有点奇怪。虽然模样怪，但我的作用可大了！有了我，舰载机就能在我的甲板上起飞、降落，更快地完成空中支援和远程打击的任务了。当然，我们还有一项非常重要的任务，要时刻监测和预防敌军潜艇，并随时准备发动攻击。

简约而不简单的舰岛

其实，对我的飞机伙伴们来说，空无一物的甲板最适合它们起降。但是我的指挥塔、飞行控制室、雷达、通信电线等设备又需要高耸在甲板上。没办法，我只好将它们集中成一个舰岛，设置在飞行甲板的右侧。好在这个舰岛非常简约，并不影响飞机的行动。

小型军用机场

如果你问我拥有最多的东西是什么，我一定会告诉你是飞机。我有各种各样的飞机伙伴，有战斗机、攻击机、鱼雷机、直升机、侦察机等，它们是我得力的作战武器。我宽阔的上层甲板可以让它们有序地起飞、降落。另外我还专门设置了机库，为它们提供停放、维修和保养等服务。

强大的武器库

　　强大的伙伴一定要配备强大的武器才能发挥最大的作用。我为我的伙伴们准备了完备而先进的武器，炸弹、鱼雷、导弹和火箭……它们都存放在我底部的武器库里。需要的时候，作业人员就会用升降机逐层运送、安装，并传送给战机伙伴们。

炸弹

鱼雷

导弹

认识辽宁舰

嘿，大家好，我是"辽宁"号航空母舰，我的身体诞生在苏联，当时的名字叫"瓦良格"号。苏联解体时，我只被建造出船壳，就被荒废在了海岸边。1999年，中国把我买下了，几年之后我历尽艰难险阻才到达中国，由中国人改装建造。2012年，我被正式交付给中国海军，命名"辽宁舰"。

庞大的操作团队

想要我正常运转，需要许多工作人员的共同协作。我们航母上的乘员多达千人，他们会根据不同的职责穿上不同颜色的工作服。

护卫和警戒——护卫舰

军舰的种类可多啦，它们每一个都有自己擅长的领域。比如护卫舰，它主要的任务就是为大型的军舰提供护航和警戒服务。

威力十足

别看护卫舰只是中型舰艇，但它却配备了鱼雷、深水炸弹、反舰导弹、防空导弹、中小口径舰炮等精良武器，火力十足。

执行各种任务

护卫舰的任务可不止字面上说的那么简单。它们还可以为自己的舰艇编队执行反潜、巡逻、侦察以及登陆作战等任务。另外，护卫舰还可以为舰载无人机提供起飞和降落的平台呢。

隐身、隐身

　　雷达和红外监视是非常敏锐的侦测武器，但是，有一些护卫舰却可以逃过它们的监测。这样的军舰现在已经有很多，例如"维斯比"级隐形护卫舰、"拉法耶特"级护卫舰，它们的很多设备都藏在甲板下，外露的主炮台和导弹发射器都采用了"隐身材料"。

出击吧，巡洋舰

巡洋舰是海军中的"老兵"了，它们出现在 17 世纪。在航空母舰出现前，就率领着舰艇编队进行远洋巡逻和作战。现代，巡洋舰的主要任务是为航空母舰和其他舰艇护航。

勇猛的巡洋舰

巡洋舰非常勇猛，它的速度非常快，并且装备了比较强的进攻和防御武器，即便气候环境非常恶劣，它也依然能进行长时间的远洋作战。巡洋舰不但能破坏掉敌人的海上交通线，还能保护己方的交通线，保证后勤、运输等舰队能够正常执行任务。

逐渐减少

巡洋舰虽然曾经在历史上占据着重要地位，但是非常可惜，随着时代的发展，巡洋舰渐渐走向了衰落。第二次世界大战以后，它们就鲜少有新成员出现了。现在，也就只有少数的巡洋舰还在服役。

升级版

巡洋舰的火力勇猛，但是战列巡洋舰却比它更勇猛，毕竟战列巡洋舰的主要作用就是猎杀巡洋舰。在进入巡洋舰的射程之前，战列巡洋舰的主炮就能对敌舰发起进攻。

海上多面手——驱逐舰

　　我是驱逐舰，是我取代了部分巡洋舰，代替它们执行军事任务。在现代海上战争中，保持装备和技术的先进是很重要的，就连我也需要不断提升自己准备应对不同的挑战呢。

我是海上多面手

　　我装备的武器非常全面，包括防空、反潜、对陆、对空等多种武器，这让我成为现代海军中一种非常重要的军舰。我的主要职责是护航，但同时也能完成突击进攻、反潜护卫以及海上救援等任务，大家都叫我"海上多面手"呢。

我和护卫舰是好搭档

　　我和护卫舰的任务非常像，事实上，我们是一起战斗的好搭档。护卫舰就是核心舰艇的"贴身保镖"，它要时刻注意核心舰艇附近的陆海空安全情况。而我就是忠心耿耿的"侍卫"，对敌人实施远程打击，不给敌人任何接近核心舰艇的机会。

导弹

声呐

驱逐舰也有分工

　　其实，我们驱逐舰也有不同的分工。比如排水量达到6000~10000吨的防空驱逐舰，它主要是在远程航空导弹、相控阵雷达和高性能自动化指挥系统等装备的配合下执行防空任务；而排水量在3000~6000吨的反潜驱逐舰则利用尖端的声呐反潜设备和武器执行反潜和反舰等任务。

67

隐身在水下——潜水艇

看，水里有什么？是鲨鱼吗？或者是鲸鱼？原来都不是啊，水下藏着的是一条"黑鱼"。"黑鱼"是什么鱼呢？它不是真正的鱼，而是一艘能像鱼一样潜入水底的潜艇。

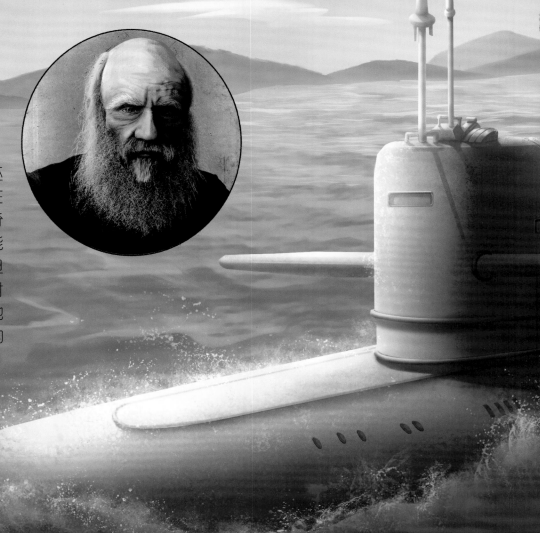

达·芬奇和潜艇

你一定想象不到，达·芬奇和潜艇居然还有点关系。据说早在15~16世纪，达·芬奇就曾经设想过一种"能在水下航行的船"，但这种先进的想法在当时是不被认可的，所以他并没有留下关于潜艇的画作。

现代潜艇之父

　　世界上有很多设计师都为潜艇设计做出了贡献，其中最突出的要数潜艇设计师约翰·霍兰了，他被誉为"现代潜艇之父"。从 1873 年开始，二十几年间，霍兰共设计建造了 5 艘潜艇，却因为各种原因全部夭折。直到 1897 年，他终于成功建造了油电双推进的"霍兰 – VI"号潜艇，开启了潜艇时代。

与众不同的潜艇

　　潜艇是个与众不同的家伙，单凭能够潜入水下这一点就足够让许多舰艇羡慕了。它巧妙地利用水层做掩护，常常打得敌人措手不及。但是它也有自己致命的缺点，比如自卫能力差，水下航速比较慢等。

像 "狼群" 一样战斗

在海战时，通常都是几艘、十几艘，甚至是几十艘潜艇聚集在一起，像水下的狼群一样对分散的敌方目标实施群体打击。

潜艇的好伙伴

威力无穷的导弹在第二次世界大战以后开始被装备到潜艇上。

鱼雷是一种特别厉害的武器，水里就是它的天下，被发射出去的鱼雷只要碰触到舰船，就会马上爆炸。它与潜艇可是最亲密的伙伴呢。

潜艇有时会在水下布设水雷，这是一种威力很大却很难发现并清除的武器，能对敌方舰艇进行有效的打击。

舰载机是潜艇最得力的助手，水下的潜艇很难发现来自空中的危险，有了舰载机的帮助，困难就迎刃而解了。

不只能战斗

潜艇可不只会战斗，它们的用途广泛着呢。除了军事用途外，它们还可以执行海底救援、海下勘探、海洋科学研究、海底观光、维修海底电缆等任务。

登陆，跟我来——两栖舰艇

动物界有两栖动物，但是，你知道有"两栖舰艇"吗？我就是"两栖舰艇"，也叫登陆舰艇。

怎么登陆呢？

别误会，我并不是可以在陆地上行走，而是能将部队、武器、直升机等送上敌方所在的海岸，进行登陆作战。在离岸上有一定距离的时候，气垫登陆艇、橡皮艇等装备可以辅助士兵登陆。登陆舰抢滩登陆后，舰前的门被打开，士兵、坦克就可以直接上岸了。

团结的大家族

我们两栖舰艇是个很大的家族，有提供支援的两栖攻击舰、运输士兵和物资的两栖运输舰、快速转移人员和物资的两栖登陆艇、专门运送坦克的坦克登陆舰，还有专门供指挥员们使用的两栖战指挥舰等。

抢滩登陆不简单

从海上抢滩登陆可不是那么简单的事，如果条件不允许，强行登陆是很危险的。比如海滩的坡度、涉水的距离和深度都对登陆有直接的影响。另外，登陆点的潮汐、浪高、水流速度都是需要考虑的问题。

超强动力的核动力船

大多数船舶都靠柴油和汽油提供动力，但这些能源不但日益紧缺，还给地球带来了环境问题。相比之下，核动力船在这些方面似乎能够做得更好。

驱动船船的核动力

核动力也叫"原子能"，人们利用原子核发生裂变或聚变反应时产生的能量带动螺旋桨飞速旋转起来，船儿们就可以高速远航了。

很久不用"吃"燃料

普通的船最担心的事就是燃料用尽了怎么办，核动力船就没有这样的烦恼。人们只要给核反应堆装一次料，它就可以连续运行几年甚至几十年，超强的续航能力让核动力船可以放心大胆地自由航行。

速度变快啦！

核能为船舶提供了超级强大的动力，即便是像航空母舰这种超大的舰船，只需要装备几个核反应堆，就能以每小时五六十千米的速度航行，比普通航母快很多。

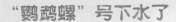"鹦鹉螺"号下水了

世界第一艘核动力潜艇是由美国建造的，它的名字叫"鹦鹉螺"号，在 1955 年 1 月正式出海，直到 1957 年 4 月，它才第一次更换燃料。在这期间，它共航行了 62526 海里，最令人吃惊的是，它所消耗掉的核燃料铀仅仅只有几公斤！现在，你应该知道核能有多么强大了吧。